Einfach Pappe

Spielen und Basteln mit Papprollen, Karton, Buntpapier

Inhalt

Mit Pappe basteln macht Spaß	2
Das Knallbonbon	4
Die Überraschungsdose	6
Die Wespe	8
Die Rakete »Roter Blitz 1«	10
Kater Pappolo	14
Die Springmäuse	20
Die Überraschungs-Frösche	24
Der Tausendfüßler	28
Impressum, Bildnachweis	32

SÜDWEST

Mit Pappe basteln macht Spaß

»Karton« ist die Bezeichnung für alle Papiersorten, die zwischen 150 g und 500 g pro Quadratmeter wiegen. Als »Pappe« bezeichnet man alle Papiersorten, die mehr als 500 g pro Quadratmeter wiegen. Das Papier kann aus einer einzigen Faserfilzlage oder, bei höherem Gewicht, wie bei der Pappe, aus mehreren Lagen bestehen. Im Vergleich dazu wiegt einfaches Schreibpapier nur ca. 80 bis 90 g pro Quadratmeter.

Mit Papprollen und Kartons kann man so richtig toll basteln, spielen und dabei riesigen Spaß haben. Schon die Suche nach Verpackungsmaterialien kann zu einem großen Erlebnis werden. Baumärkte, Supermärkte und Gartencenter haben oft spezielle Sammelboxen, in denen man schnell fündig wird. Du hast dann sicher gleich an Ort und Stelle eine Idee, was man aus den verschiedenen Kartongrößen machen kann.

Was die Papprollen betrifft, so brauchst du nicht lange zu suchen. Sie sind Abfall- bzw. Recyclingprodukte, die in jedem Haushalt anfallen. Da wären beispielsweise die *Klorollen* – kurze Papprollen, auf denen das Toilettenpapier aufgewickelt ist; die *Küchenrollen* – lange Papprollen, die mit Krepppapier umwickelt sind; außerdem die *Folienrollen* – lange Papprollen, die im Handel mit Aluminium- oder Frischhaltefolie umwickelt erhältlich sind. Folienrollen sind im Umfang kleiner als die Küchenrollen, haben jedoch eine kräftigere Materialstärke und halten daher auch gut eine höhere Belastung aus.

Pappendeckel ist nicht gleich Pappendeckel

Bevor du deine Bastelideen umsetzt, solltest du einiges über das Material Pappkarton wissen. Denn nur wer ein Material genau kennt, kann es auch richtig, erfolgreich und mit Spaß verarbeiten.

Die meisten Verpackungskartons bestehen aus Wellpappe, d. h., zwischen zwei glatten Papierschichten verläuft eine dritte, stark wellenförmige Papierlage. Dieser Karton lässt sich leicht schneiden, da die einzelnen Papierschichten nicht zu stark sind. Wellpappe als Verpackungskarton ist recht stabil. Wenn man jedoch Wellpappe flächig verarbeiten will, dann muss man berücksichtigen, dass das Material in Laufrichtung der Wellen instabil ist und der Karton umknickt. Eine Belastung hält der Karton nur im Querverlauf der Rillen aus.

Bei Pappkarton braucht dies nicht berücksichtigt zu werden. Ab 1 mm Stärke ist er recht stabil, und man kann ihn bis 1,5 mm Stärke sogar noch mit der Schere schneiden; für stärkeren Karton nimmt man ein Bastelmesser (Cutter). Kräftigen Pappkarton findest du als Kartonage bei Mal- oder Zeichenblöcken. Für einen starken Karton kann man auch mehrere dünne Papplagen zusammenkleben und diese dann als Ganzes weiterverarbeiten.

Mit der richtigen Schere lässt sich auch dickere Pappe gut schneiden.

Vom Papier zur Pappe

Pappe wird wie Papier aus Holzschliff, Zellulose und Altpapier hergestellt. In großen Papiermühlen wird die Rinde von den Bäumen abge-
schält, das Holz zerstückelt und so lange gemahlen, bis ein dicker Brei
entsteht. Unter Zusatz von Wasser wird daraus ein dünnflüssiger Faser-
brei, dem zusätzlich noch Sekundärfasern aus Altpapier und Hilfsstoffe
wie Leim, Bleichmittel oder Farbpigmente zugegeben werden. Dieser
Papierbrei fließt in einer dünnen Schicht über ein Drahtgewebe (Sieb),
auf dem sich durch Herauspressen des Wassers die Papierschicht
(Faserfilzbahn) absetzt. Die noch feuchte Faserschicht läuft beim
Trocknen über Rollen, und wird dabei gleichzeitig gewalzt, geglättet
und aufgerollt. Durch das Zusammenpressen mehrerer nasser Faser-
filzbahnen (diesen Vorgang nennt man Gautschen) oder das Zusammenkleben trockener Bahnen entsteht dann eine starke Pappbahn.

*Zeitungen, Zeitschriften,
Prospekte und Schachteln,
die im Altpapier-Container
landen, beginnen oft ein
zweites oder drittes Leben
in Form einer Verpackung
aus Wellpappe oder Karton.
Dieser Verpackungskreis-
lauf ist heute ein wichtiger
Beitrag für die Umwelt,
denn er reduziert unseren
Müll und spart dabei gleichzeitig Rohstoffe ein.*

*In einer alten Papiermühle
– heute ein Museum – kann
man sehen, wie Papier früher
hergestellt wurde.*

Ob Papier, Pappe oder Karton, alle drei Werkstoffe lassen sich mit
Weißleim hervorragend verkleben. Papier hat jedoch den Nachteil, dass
es sich an der Stelle wellt, an der der Leim aufgetragen wurde. Durch
die konzentrierte Feuchtigkeit an einer Stelle quillt die dünne Papierfa-
serschicht nämlich schnell auf. Deshalb den Leim mit einem Pinsel oder
dem Finger sofort nach dem Auftragen glatt streichen. Auf diese Weise
wird die Klebefläche größer, und das Papier kann die Feuchtigkeit
gleichmäßiger aufsaugen. Am besten ist es, wenn du vor der eigentli-
chen Arbeit ein paar Klebeversuche an Papierresten machst.

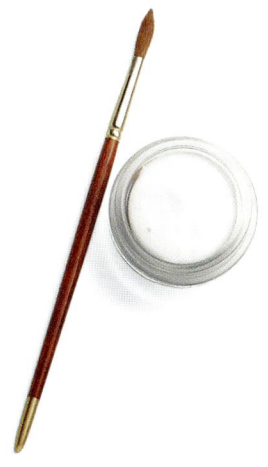

*Papier und Pappe lassen sich mit
Weißleim besonders gut verkleben.*

Das Knallbonbon

*Ab 6 Jahren
unter Anleitung eines
Erwachsenen*

Material

- Küchenrolle
- Tonpapier in Blau und Rot
- Krepppapier in Gelb
- 30 cm rote Borte
- 60 cm blaues Geschenkband
- Bastelleim
- Allzweckschere
- Lineal
- Transparentpapier
- Pauspapier, Bleistift

Mit diesem Knallbonbon lassen sich kleine Geschenke wie z. B. Bonbons, Autos oder andere kleine Spielsachen dekorativ verpacken. Auch bei Kinderfesten oder am Silvesterabend sind Knallbonbons eine lustige und bunte Tischdekoration, die noch dazu ganz leicht zu basteln ist. Die Zahlen für die Verzierung des Knallbonbons findest du auf dem Vorlagenbogen A, die anderen Schmuckelemente auf dem Bogen B.

1 Schneide vom blauen Tonpapier ein 26 x 16 cm großes Rechteck aus. Trage entlang der Kanten Leim auf, lege die Haushaltsrolle an einer Längsseite auf und rolle sie in das Papier ein.

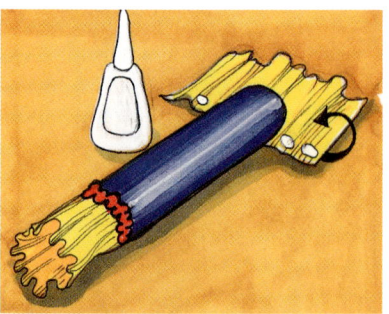

2 Klebe außen an den Kanten ein 11 x 16 cm großes, gelbes Krepppapierrechteck rundherum an. Verdecke den Klebeübergang an jedem Ende mit einem 15 cm langen Stück Borte.

Bestimmt gibt es viele Gelegenheiten, zu denen du ein Geschenk verpacken willst. Je nach Anlass kannst du dein Knallbonbon natürlich auch ganz anders verzieren: mit Punkten, Dreiecken, Stickermotiven oder glitzernden Sternen.

3 Pause die Zahlenvorlagen auf Transparentpapier ab und pause sie auf rotes Tonpapier. Schneide die Zahlen aus und klebe sie auf die Rolle.

4 Zum Verschließen benötigst du zwei ca. 30 cm lange Geschenkbänder. Binde eine Seite zu, fülle das Knallbonbon und verschließe auch die andere Seite.

Die Überraschungsdose

*Ab 6 Jahren
unter Anleitung eines
Erwachsenen*

In dieser Funken sprühenden Dose können sich viele Überraschungen verbergen! Du kannst in ihr deine geheimsten Sachen aufbewahren, die nicht jeder gleich sehen soll, oder auch kleine Geschenke für deine Freunde in ihr verpacken. Auch als einfache Zimmerdekoration sieht sie lustig aus. Die Kreise für die Verzierung der Überrschungsdose findest du auf dem Vorlagenbogen B.

Material

1 runde
Käseschachtel

Tonpapier in Gelb
und Lila

Krepppapier in
Violett

Bastelfarbe in Lila

Bastelleim

Allzweckschere

Lineal; Bleistift;
Zirkel; Maßband;
Nagelschere

Natürlich kannst du auch andere Schachteln verwenden. Wichtig ist nur, dass sie einen Deckel haben, damit man deine Schätze nicht gleich entdeckt.

1 Miss zuerst den Durchmesser der Deckelaußenseite und des Schachtelinnenbodens aus. Schneide entsprechend große Kreise aus dem gelben Tonpapier und klebe sie auf.

2 Ermittle mit einem Maßband Umfang und Höhe des Dosendeckels. Schneide von dem gelben Tonpapier einen entsprechenden Streifen und klebe ihn auf die Seitenwand des Dosendeckels.

3 Miss Umfang und Höhe der Schachtelinnenwand, schneide einen entsprechend großen Streifen aus dem Tonpapier und klebe ihn in die Schachtel hinein.

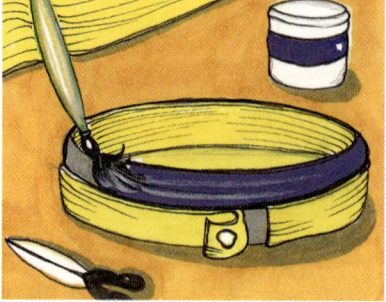

4 Umklebe die untere Hälfte der Schachtelaußenwand mit einem Streifen aus gelbem Tonpapier. Bemale die obere Hälfte rundum mit lila Bastelfarbe.

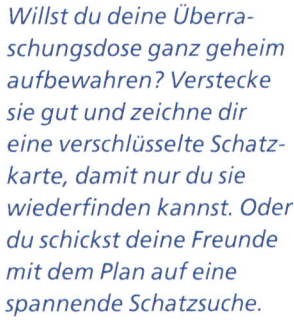

5 Bohre mit der Nagelschere ein Loch in die Mitte des Dosendeckels. Schneide lauter Kreise aus lila Tonpapier und klebe sie auf den Deckel; das Loch darfst du dabei nicht überkleben!

6 Schneide aus violettem Krepppapier ein 15 x 10 cm großes Rechteck. Schneide an einer Längsseite die Fransen ein. Rolle die andere Seite auf und stecke sie mit etwas Leim in das Deckelloch.

Willst du deine Überraschungsdose ganz geheim aufbewahren? Verstecke sie gut und zeichne dir eine verschlüsselte Schatzkarte, damit nur du sie wiederfinden kannst. Oder du schickst deine Freunde mit dem Plan auf eine spannende Schatzsuche.

So eine Überraschungsdose ist selbst schon ein kleiner Schatz. Wenn du willst, kannst du die Schachtel auch innen bekleben.

Die Wespe

Ab 6 Jahren unter Anleitung eines Erwachsenen

So eine Wespe wie diese ist völlig ungefährlich und kann ohne Bedenken aufgehängt werden. Die Wespe lächelt dem Betrachter freundlich zu, um zu zeigen, dass sie ein ganz friedliches Geschöpf ist. Damit die Wespe lustig in der Luft hin und her schwebt, kannst du sie z. B. unter deine Zimmerlampe oder vor das Fenster hängen.
Die Vorlagen zur Wespe findest du auf dem Vorlagenbogen A.

Material

1 Klorolle

Tonpapier in Gelb, Schwarz und Weiß

Tonkarton in Gelb, Schwarz und Weiß

Schwarzer und gelber Faserstift

Garn zum Aufhängen

Sticknadel; Bastelschere; Nagelschere

Bleistift; Lineal

Transparentpapier und Pauspapier

Anstelle von Tonkarton kannst du Pfeifenreiniger als Beine verwenden. Einfach sechs Löcher (paarweise angeordnet) an der Rollenunterseite vorbohren und drei Pfeifenreiniger durchstecken.

1 Schneide aus gelbem Tonpapier ein 14 x 16 cm großes Rechteck. Trage entlang den Kanten Klebstoff auf, lege die Klorolle an einer Schmalseite mittig auf und rolle sie in das Papier ein.

2 Schneide das überstehende Papier mehrmals bis zur Rollenkante hin ein. Falte die Papierabschnitte ins Rolleninnere und drücke sie nacheinander auf die Rolleninnenwand.

3 Schneide für den Wespenkörper vom schwarzen Tonpapier zwei 16 x 2 cm lange Streifen ab und klebe sie in gleichmäßigen Abständen um die Rolle.

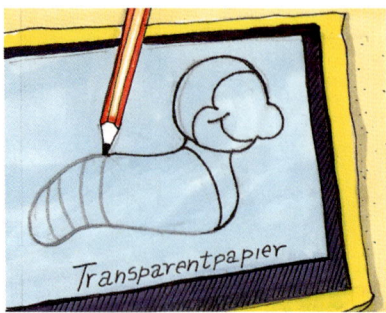

4 Pause die Vorlagen ab. Übertrage das Flügelpaar auf weißen, die Beine auf schwarzen, den Körper auf gelben Tonkarton. Schneide alle Teile aus.

5 Male in Schwarz die Streifen auf den Körper und das Häubchen am Kopf auf. Zeichne die Augen auf weißen Karton, schneide sie aus und klebe sie auf. Die Pupillen und den Mund dazumalen.

6 An einer Rollenkante schneidest du 5 mm tief ein. Schiebe den Körper in die Rolle und den Kopf in den Einschnitt. Klebe zwei schwarze Fühler aus Karton am Kopf auf und die Flügel auf die Rolle.

Wespen gehören in die Ordnung der Hautflügler, so wie Bienen und Hummeln. Sie sind jedoch kaum behaart, haben keinen Saugrüssel und können mit ihren Beinen keine Pollen sammeln. Besonderes Kennzeichen: starke Einschnürung in der Taille und sehr spitz zulaufender Hinterleib. Ihre kunstvoll gebauten Nester bestehen aus waagerechten, röhrenartigen Waben, die von einer mehrschichtigen Hülle umgeben sind. Ein Wespenvolk besteht aus ca. 3000 bis 5000 Tieren.

7 Schneide die Beine aus und ziehe entlang der gestrichelten Linien mit dem Scherenrücken eine Falzrille. Falte die Beine gegeneinander und klebe sie an der Rollenunterseite fest.

8 Stich mit der Nadel an der Oberseite zwei Löcher in die Körperrolle. Ziehe mit der Nadel einen ca. 50 cm langen Faden durch die Löcher. Verknote die Fadenhälften auf der Rollenoberseite.

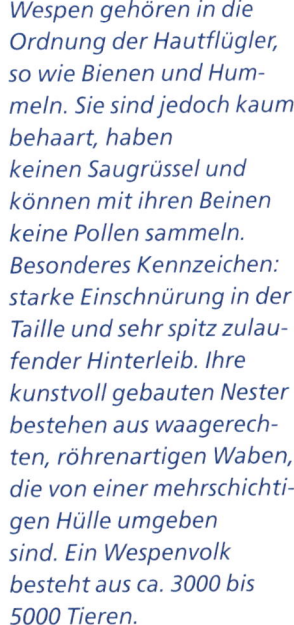

Wenn du mehrere Wespen bastelst, kannst du aus sieben wabenförmig aneinander geklebten Klorollen ein Wabennest für sie bauen. Umklebe sie zuvor mit gelbem Tonpapier. Stich mittig in die beiden oberen Rollen je zwei Löcher vor. Fädle für die Aufhängung einen ca. 60 cm langen Wollfaden durch die Löcher und verknote die beiden Fadenhälften zwischen den Rollen und am Fadenende. Befestige zwei Wespen mit unterschiedlich langen Fäden an den Endkanten der unteren Nestrollen. Klebe eine weitere Wespe neben dem Aufhängefaden oben auf das Nest.

Vor dieser Wespe muss man keine Angst haben, sie sticht nicht.

Die Rakete »Roter Blitz 1«

Der Countdown läuft! Die letzten Sekunden 5, 4, 3 … Der Pilot bringt die Rakete langsam in Startposition. … 2, 1, Zero. Start frei für den »Roten Blitz«! Wow, was für ein Speed! Damit die Landung nicht zu unsanft wird, hat die Rakete an der Spitze einen Wattekegel, der den Aufprall auf dem Boden etwas abfängt.

Die Umkleidung für die Spitze findest du auf dem Vorlagenbogen B.

Material

2 Klorollen

3 Küchenrollen

2 Folienrollen

1 Gummiband,
20–22 cm lang

1 Wattekegel,
6,5 cm lang, Ø 4 cm

2 Pappkartonkreise,
Ø ca. 16 cm

Tonkarton in Gelb und Blau; Eierkarton; Buntpapier; Bastelleim; Bastelschere; Nagelschere; Cutter; Lineal; Bleistift

Schneideunterlage

Transparentpapier

Pauspapier

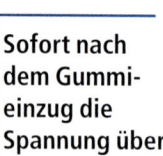

Sofort nach dem Gummieinzug die Spannung überprüfen.

1 Schneide bei beiden Pappkreisen 2 cm von der Kante entfernt zwei 4 x 1 cm große Rechtecke heraus, die sich exakt gegenüberliegen. Klebe dann beide Pappkreise kantenbündig zusammen.

2 Trage auf einer Seite flächig Bastelleim auf und klebe das Teil auf gelben Tonkarton. Schneide den überstehenden Tonkarton ab und die kleinen Rechtecke innerhalb der Pappscheibe heraus.

3 Umklebe eine Folienrolle mit Buntpapier. Schneide an einem Ende zwei Einkerbungen in der Breite des Gummibandes in die Rolle.

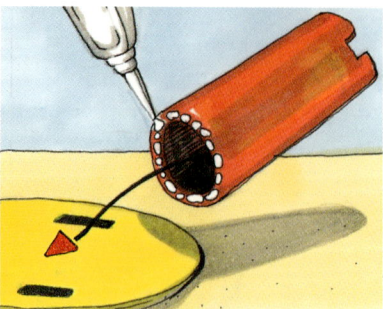

4 Trage auf das andere Rollenende Bastelleim auf und klebe die Rolle mittig auf den gelben Pappkreis. Schon ist die Startrampe fertig.

Raketen sind geschoßähnliche Flugkörper. Sie werden durch ihren Rückstoß angetrieben. Zündet man eine Rakete, entweichen mit hoher Geschwindigkeit am hinteren Ende heiße Verbrennungsgase. Durch die Schubkraft, die diese Gase bilden, wird die Rakete angetrieben. Großraketen führen ihren Brennstoff in getrennten Tanks mit. Pumpen mit Gasturbinenantrieb befördern den Brennstoff mit hohem Druck in die Brennkammern der Rakete.

5 Kürze zwei Küchenrollen auf 21 cm. Schneide eine der Länge nach auf, klebe sie mit 2–3 mm Überlappung zusammen; schiebe sie in die andere Rolle. Bohre 2 cm von der Kante entfernt zwei Löcher.

6 Ziehe durch die Löcher von außen nach innen die Gummienden; verknote sie. Bestreiche die innere Rolle an den Enden ca. 3 cm breit mit Bastelleim und schiebe sie kantenbündig in die größere Rolle hinein.

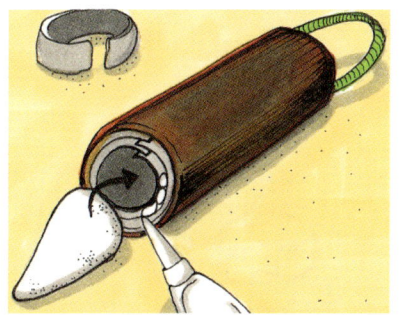

7 Schneide die Klorollen in 1,5 cm breite, offene Ringe. Klebe vier davon nacheinander kantenbündig in die Rakete. Gib Klebstoff auf die Ringkanten und platziere darauf mittig den Wattekegel.

8 Schneide von einer Küchenrolle einen 4 cm breiten Ring. Schneide an einem Ende mehrere ca. 2,5 cm tiefe Einschnitte. Am anderen Ende klebst du zwei offene Klorollenringe hinein.

Zum Starten der Rakete musst du sie bis zum Rampenboden herunterziehen und blitzschnell loslassen. Vom Tisch oder Boden aus startet die Rakete senkrecht nach oben. Der Aufprall an der Decke wird durch den Wattekegel gedämpft. Wenn du jedoch die Startrampe durch die Einschnitte auf einen Hosengürtel ziehst und diesen um deine Taille schnallst, kann die Rakete auch waagerecht durch die Luft zischen. Diese Möglichkeit solltest du nutzen, um mit deinen Freunden ein Wettschießen zu veranstalten.

Raketen können mit Astronauten oder unbemannt ins All starten.

Wie wäre es einmal mit einem Raketen-Weit-schusswettbewerb? Stell dich mit deinen Freunden in einer Reihe auf. Dann darf jeder seine Rakete abfeuern. Ein Schiedsrichter markiert mit kleinen Namenszetteln am Boden, wie weit jeder geschossen hat. Wer am weitesten kam, hat gewonnen.

9 Trage auf die verstärkte Ringkante Leim auf. Klebe den Ring über den Wattekegel. Streiche Leim auf die Einschnittenden und klebe die einzelnen Abschnitte auf den Wattekegel.

10 Die ganze Rakete bis auf die Spitze mit Buntpapier umkleben; achte darauf, dass die untere Raketenhälfte rundum mit Leim eingestrichen ist. Beim Buntpapier nur an den Kanten Leim auftragen.

11 Pause die Halbkreisvorlage für die Spitze ab, übertrage sie auf blauen Tonkarton und schneide sie aus. Rolle den Halbkreis trichterförmig ein und klebe ihn um den Wattekegel.

12 Für die Treibstofftanks schneide die übrige Folienrolle in drei gleich lange Teile und streiche sie flächig mit Leim ein. Umklebe die Rollen mit Buntpapier in Farben deiner Wahl.

Wenn echte Raketen starten, siehst du eine riesige Rauchwolke. Wenn du eine dicke Schicht Watte auf die Raketenbasis klebst, sieht auch dein Start ganz echt aus.

13 Schneide vom Eierkarton drei 2 cm hohe Spitzen ab und male sie bunt an. Bestreiche die Oberkante der Treibstofftanks mit einer dünnen Leimschicht und klebe die Eierkartonspitzen auf.

14 Nun werden die drei gelben Treibstofftanks mit den Spitzen nach oben in gleichmäßigen Abständen auf die Rakete geklebt; die Tanks sollten dabei jeweils 3 cm an der Unterkante überstehen.

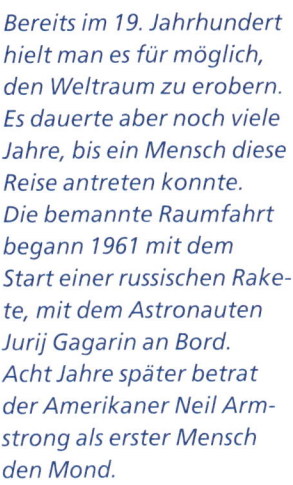

Bereits im 19. Jahrhundert hielt man es für möglich, den Weltraum zu erobern. Es dauerte aber noch viele Jahre, bis ein Mensch diese Reise antreten konnte. Die bemannte Raumfahrt begann 1961 mit dem Start einer russischen Rakete, mit dem Astronauten Jurij Gagarin an Bord. Acht Jahre später betrat der Amerikaner Neil Armstrong als erster Mensch den Mond.

Der »Rote Blitz« steht startbereit. Er sieht aus wie eine richtige Mondrakete. Wie hoch wird die Rakete wohl beim Start fliegen?

Kater Pappolo

*Ab 8 Jahren
unter Anleitung eines
Erwachsenen*

Um diese Marionette tanzen zu lassen, brauchst du kein Künstler zu sein. Kater Pappolo zeigt sein Temperament schon, wenn man ihn nur hochhält. Mit ein bisschen Übung wirst du dann aber bestimmt bald wissen, wie du das Spielkreuz halten und an den Fäden ziehen musst, um die Arme von Kater Pappolo zu lenken.
Die Vorlagen für den Kater findest du auf dem Vorlagenbogen A.

Material

4 Küchenrollen; 7 Klorollen; 1 kleiner Verpackungskarton

1 kleine Schachtel (z. B. Medikamentenschachtel); Tonkarton in Weiß, Schwarz, Silbergrau; reißfestes Garn

12 kleine Holzperlen oder Wattekugeln

Pappkarton; schwarzer, roter und orangefarbiger Faserstift; Zirkel; Lineal; Deckweiß; Sticknadel; Schere; Nagelschere;

Bastelleim

Transparentpapier

Pauspapier

1 Umklebe drei Klorollen (Unterarme, Brust) kantenbündig mit schwarzem, zwei Klorollen (Brust) und drei Küchenrollen (Schulter, Beine) ebenfalls kantenbündig mit grauem Tonkarton.

2 Halbiere zwei weitere Klorollen. Umklebe zwei Hälften (Oberarme) mit grauem Tonkarton. Kürze die letzte Küchenrolle (Hüfte) auf 16 cm; umklebe sie und eine Klorollenhälfte (Hals) in Schwarz.

3 Zum Verschließen der Rollenöffnungen benötigst du 12 graue und 8 schwarze Kreise aus Tonkarton mit einem Durchmesser von 4,5 cm.

4 Klebe die farblich passenden Kreise auf die Rollenkanten; bei den Unterarmen und Beinen wird jeweils nur eine Öffnung geschlossen.

5 Pause vom Vorlagenbogen das Ohr, die Vorder- und Hinterpfote ab und übertrage die Konturen mit Pauspapier jeweils zweimal auf Tonkarton; bestimme den Farbton selbst.

6 Schneide die Formen aus und zeichne die Krallenlinien mit schwarzem Stift oder mit Deckweiß und Pinsel auf. Die Farbe hängt davon ab, welchen Tonkarton du gewählt hast.

Was fällt dir zu der Bezeichnung »Katzenauge« ein? Im technischen Bereich finden wir ein so genanntes Katzenauge z. B. am Hinterrad eines Fahrrades, am Heck von Kraftfahrzeugen und auch an Bahnschranken; in der Fachsprache heißen sie Rückstrahler oder Rückleuchten.

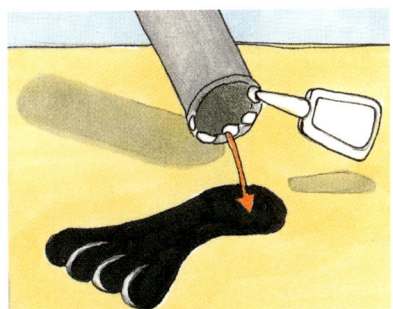

7 Klebe die beiden Beine mit der Öffnung voran auf die Hinterpfoten; halte dabei an der hinteren Pfotenkante einen Abstand von 5 mm ein. Dann hat der Kater auch eine Ferse.

8 Umklebe die große Schachtel mit schwarzem, die kleine mit grauem Tonkarton; stelle sie längsseits auf den Tonkarton, gib rundum 2 cm zu und schneide die Form je zweimal aus.

»Katzenaugen« sind als Warnsignal an Fahrrädern vorgeschrieben.

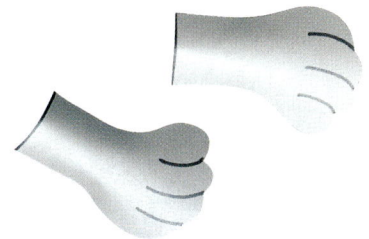

Wenn kleine Katzen auf die Welt kommen, können sie noch gar nichts sehen; sie sind blind. Erst nach etwa einer Woche öffnen sie die Augen und erforschen dann sehr schnell und frech ihre Umgebung. Erwachsene Katzen haben sehr scharfe Augen und können deshalb auch in der Nacht sehen.

Soll dein Kater auch einen Schwanz haben? Du kannst z. B. aus dicken Wollfäden einen Zopf flechten und diesen am Rücken (auf der Hüftrolle) fest kleben. Wenn du das Zopfende mit einem Faden am Spielkreuz befestigst, ragt der Schwanz lustig in die Luft.

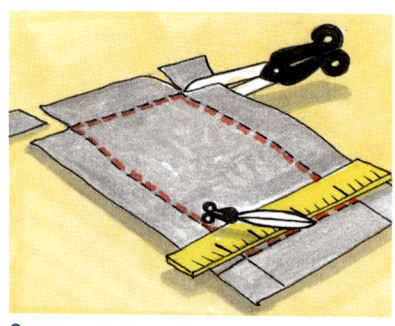

9 Ziehe mit dem Scherenrücken entlang den Konturlinien bis zur Außenkante Falzrillen und schneide die vier Ecken heraus. Falte die Kanten ein und klebe den Tonkarton auf die Schachtel.

10 Beklebe die zweite Schmalseite ebenso. Miss Breite und Umfang (längsseits) der Schachtel aus; schneide ein entsprechend großes Rechteck aus Karton und klebe es um die Schachtel.

11 Pause nun noch vom Vorlagenbogen die Augen und das Gesicht ab. Übertrage die Augen auf weißen Karton, schneide sie aus und male die Pupillen in Orange und Schwarz dazu.

12 Auf die Vorderseite der kleinen Schachtel überträgst du das Gesicht. Male Mund und Nase, wie auf der Abbildung zu sehen, farbig aus und klebe die kleine Schachtel auf die große.

13 Schneide für die Tasthaare schmale Streifen aus weißem Karton und klebe sie auf die Schnauze und die Stirn. Klebe die Augen auf das Gesicht. Die Ohren werden zuletzt am Hinterkopf angeklebt.

14 Für das Spielkreuz brauchst du eine 30 x 2,5 cm und eine 20 x 2,5 cm lange Pappleiste. Schneide an den Enden des langen Teils Einkerbungen. Klebe beide Leisten rechtwinklig aufeinander.

Katzen gehören zur Familie der Raubtiere. Zu den wild lebenden Katzen zählen u. a.: Gepard, Leopard, Jaguar, Löwe, Luchs, Ozelot, Tiger und Puma. Die Hauskatze ist eine Unterart der Wildkatze. Die Zucht und Bewertungsmerkmale von Rassekatzen gibt es erst seit 1887. Die Zahl der von Züchtern anerkannten Rassekatzen ist bis heute auf etwa 100 verschiedene Arten gestiegen.

15 Um die einzelnen Rollen aufzufädeln, stichst du mehrere Löcher vor: an Hüfte, Brust und Schulter, 5 cm rechts und links der Mitte; unter der Pfote und am Beinende; durch den Hals und den Kopf.

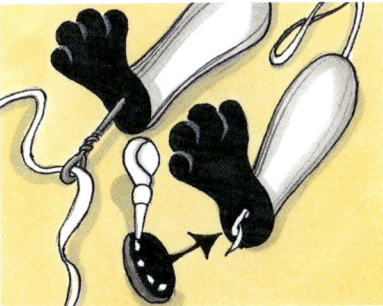

16 Ziehe mit Hilfe einer Drahtschlinge zwei 1,20 m lange Fäden durch die Beine. Verknote sie unter den Pfoten dreimal und klebe zusätzlich ein Stück schwarzen Karton dagegen.

Hast du Lust, deinen Freunden und Eltern ein Theaterstück vorzuspielen? Mit deinem Kater Pappolo und einigen Kasperlefiguren könntest du z. B. das Märchen vom gestiefelten Kater aufführen. Dort spielt der Kater die Hauptrolle; deshalb macht es nichts, wenn er viel größer ist als die anderen Puppen. Du kannst den Kater noch perfekt kostümieren: mit einem kleinen Hut und aufgesteckter Feder sowie Siebenmeilenstiefeln aus Socken oder Stoff. Der Applaus für diese Aufführung wird dir sicher sein. Und vielleicht findest du bald ein paar Mitspieler.

Diese Katze könnte für Kater Pappolo Modell gestanden haben.

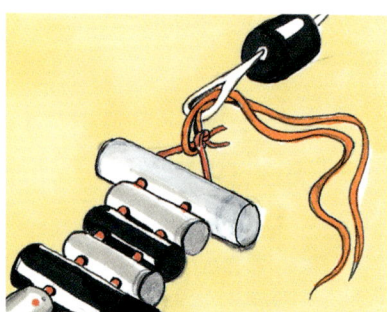

Im alten Ägypten waren Katzen heilige Tiere. Es gibt ganz alte Bilder, die eine Frau zeigen, die einen Katzenkopf hat. Die Ägypter stellten sich eine ihrer Göttinnen so vor. Die Göttin nannten sie Bastet: Sie war die Beschützerin von Kindern und Müttern.

17 Nun werden die Fäden durch die Löcher der Körperrollen gefädelt und auf der Mitte der Schulterrolle miteinander verknotet. Führe die Fäden zusammen durch Hals und Kopf.

18 Stich beidseitig 2 cm ab der Schulterkante von oben nach unten zwei Löcher vor; ziehe zwei 1 m lange Fäden durch und verknote jedes Fadenende auf der Schulterrückseite.

Natürlich kannst du statt einem Kater auch eine Hundemarionette basteln. Lass einfach die Tasthaare weg und klebe anstatt der dreieckigen Ohren ovale Hängeohren seitlich am Kopf auf. Wenn du den Tonkarton nach dem Ausschneiden leicht über eine Tischkante ziehst, bekommt der Hund richtig schöne, leicht abstehende Schlappohren. Seine Augen machst du etwas runder und die Zunge länger.

19 Auf den Faden werden nacheinander drei Perlen, der Oberarm, wiederum drei Perlen und der Unterarm aufgefädelt. Verknote dann den Faden an der Unterarmöffnung.

20 Die Fadenenden vom Kopf in der Mitte des Spielkreuzes, die Fäden der Arme in den Einkerbungen befestigen. Stecke die Vorderpfoten in die Unterarme.

Die Springmäuse

Spielen ab 5 Jahren; basteln ab 7 Jahren unter Anleitung eines Erwachsenen

Über so eine riesige Käseecke freut sich jede Maus, und alle möchten natürlich so viel wie möglich von dem guten Stück abbekommen. Aber ganz so einfach ist es nicht. Um mit den Mäusen eine stattliche Punkteanzahl zu erreichen, musst du gut zielen können. Aber nach ein paar Spielen bist du bestimmt schon bald Mäusemeister.
Die Zahlen zu diesem Spiel findest du auf dem Vorlagenbogen A.

Material

1 zweiteiliger Verpackungskarton (z. B. von Großversandhäusern)

5 Klorollen

1 Geschenkpapierrolle; 1 Folienrolle; 1 Pappkarton (z. B. Rücken eines Malblockes)

1 Rundholz, Ø 5 mm, 20 cm lang; 1 m langer Rundgummi; reißfestes Garn; 2 Wattekugeln, Ø 3 cm; weißer Filz; 6 Stecknadeln mit schwarzen Köpfchen

Tonkarton in Gelb und Gelborange; Tonpapier in Violett, Gelb und auch andere Farbtöne

Bastelleim

Zahnstocher; Allzweckschere; Nagelschere; Cutter; Zirkel; Lineal

Kombizange; Bleistift

Schneidunterlage

Transparentpapier

Pauspapier

1 Lege zuerst die untere Hälfte des Verpackungskartons auf den Tisch. Schneide den Karton am Boden längsseits 2 cm von den Bodenkanten entfernt ein. Durchtrenne auch die Stirnseite.

2 Trage an den Seitenteilen entlang der 2 cm breiten Bodenfläche Leim auf. Lege die Seitenteile gegeneinander und schiebe die Schnittkanten an der Spitze ganz ineinander.

3 Schneide die überstehenden Bodenflächen ab. Ebenso, jedoch mit einem Kantenabstand von 1,5 cm, wird die obere Hälfte des Verpackungskartons geformt.

4 Übertrage den Deckelumriss auf gelben Tonkarton, gib rundum 2 cm zu und schneide die Form aus. Ziehe mit der Schere Falzrillen entlang der Innenkontur.

Lebende Spring- und Hüpfmäuse gehören zur Familie der Nagetiere. Die amerikanische Wiesen-hüpfmaus und die euro-päische Streifenhüpfmaus haben sehr lange Hinter-beine und einen langen Schwanz. Die bekannteste Springmaus ist die Wüsten-springmaus. Auch sie besitzt lange Hinterbeine und hat einen langen Schwanz mit Quaste. Außerdem hat sie einen vorzüglich ausgebildeten Gehörsinn, was man deut-lich an den auffällig großen Ohrmuscheln erkennen kann.

5 Schneide die Ecken zwischen den Falz-rillen heraus. Falte die Kanten ein und klebe den Tonkarton zuerst flächig auf die obere Käseeckenhälfte. Danach die abgewinkelten Kanten aufkleben.

6 Entlang der vier Seiten der oberen Käsehälfte klebst du kantenbündig einen Streifen gelborange Tonkarton auf, um die Käserinde anzudeuten. Stecke dann beide Kartonteile ineinander.

7 Schneide mit dem Cutter sechs Löcher mit 4 cm Durchmesser in den Deckel. Platziere einen davon in der hinteren Käseecke. Klebe orangegelbe »Fraßstel-len« um die Kreise.

8 Öffne das Käsedreieck. Klebe von innen über jedes Loch eine Klorolle; trage dazu in einer dünnen Linie Kleb-stoff auf die Kanten der Rollen und drücke diese auf den Karton.

Für das Schleuderbrett schneide aus Presspappe ein 29 x 4 cm großes Rechteck aus. Schneide von der Folienrolle einen 2 cm breiten Ring. Umklebe beide Teile mit Tonpapier und klebe dann den Ring an einem Ende des Rechteckes auf. Für das Unterteil des Schleuderbrettes umklebe die übrige dünne Papprolle mit Tonpapier und schneide in entsprechender Länge und 3 cm Breite ein Papprechteck zu. Umklebe es mit Tonpapier und klebe dann die Rolle in die Mitte dieses Rechteckes.

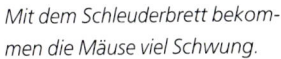

Mit dem Schleuderbrett bekom-men die Mäuse viel Schwung.

Natürlich essen echte Mäuse nicht nur Käse. Feldmäuse z. B. ernähren sich von Getreide, das auf dem Acker wächst. Wenn du im Spätsommer einmal ganz ruhig ein Feld beobachtest, kannst du vielleicht eine Maus beim Körnersammeln beobachten.

9 Pause vom Vorlagenbogen die Zahlen 1 bis 5 ab, übertrage sie auf Tonpapier und schneide sie aus. Schließe das Käsedreieck und klebe dann die Zahlen neben die einzelnen Käselöcher.

10 Umklebe die Geschenkpapierrolle mit violettem Tonpapier. Schneide 1,5 cm breite Streifen aus gelbem Tonpapier; klebe sie spiralförmig um die Papprolle. Stecke die Rolle in das hintere Loch.

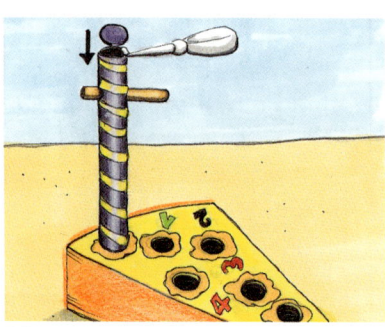

11 Bohre mit der Schere unterhalb der Oberkante mittig zwei Löcher in die Papprolle und stecke das Rundholz hindurch. Klebe zum Schluss auf die Oberkante einen lila Kreis.

12 Bastle aus Wattekugel, zwei kleinen halbkreisförmigen Filzohren und abgeknipsten Stecknadeln eine Maus. Klebe zusammen mit dem Filzschwanz den Rundgummi in die Wattekugel.

Wer einen kräftigen Karton verwendet, kann diesen auch mit Bastelfarbe anmalen. Dunklen Karton sollte man allerdings zuerst mit weißer Farbe grundieren.

13 Fertige eine zweite Maus an; stecke jedoch anstelle eines Rundgummis reißfestes Garn mit dem Schwanz in die Wattekugel. Befestige diese Maus an der vorderen Käseecke.

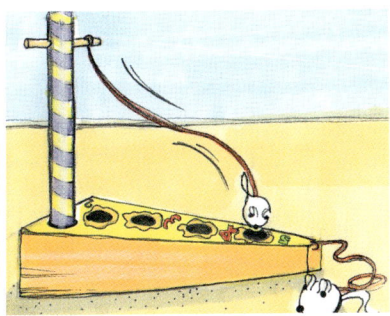

14 Die Maus mit dem Rundgummi wird am Rundholz der Papprolle befestigt. Die Gummilänge richtet sich nach dem Abstand zum vorderen Loch, in das die Maus noch hüpfen können sollte.

Jeder Spieler hat pro Runde acht Versuche. Wie viele Runden gespielt werden, bestimmt ihr vor dem Spiel selbst. Gespielt wird mit zwei Mäusen; die an der vorderen Käseecke befestigte Maus gehört zum Schleuderbrett, die andere hängt an einem Gummiseil. Ihr könnt abwechselnd beide Mäuse springen lassen oder euch nur für eine entscheiden. Ziel ist es, möglichst viele Punkte zu sammeln.

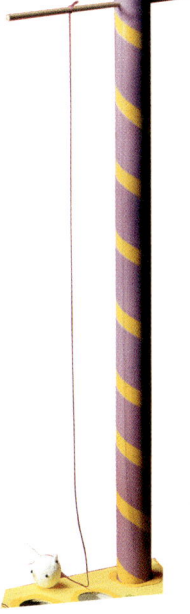

Mit diesem Spiel kommt auch bei Regen keine Langweile auf.

23

Die Überraschungs-Frösche

*Ab 6 Jahren
unter Anleitung eines
Erwachsenen*

Ob in der Aufmachung eines Froschkönigs oder als einfacher Laubfrosch – in diesen originellen Verpackungen haben viele märchenhafte Überraschungen Platz, z. B. glitzernde Murmeln oder Goldtaler mit Schokoladenfüllung. Wenn du die Frösche als Geschenkverpackung verwendest, ist die Verpackung gleichzeitig ein zweites Geschenk. Die Vorlagen für die Frösche findest du auf dem Vorlagenbogen B.

Material für einen Frosch

3 Klorollen

Tonpapier in Weiß

Tonkarton in Grasgrün, Gelb und Rot

Schwarzer und grüner Faserstift

Bastelleim; Bastelschere; Nagelschere; Cutter; Bleistift; Zirkel; Schneideunterlage; Lineal; Transparentpapier; Pauspapier

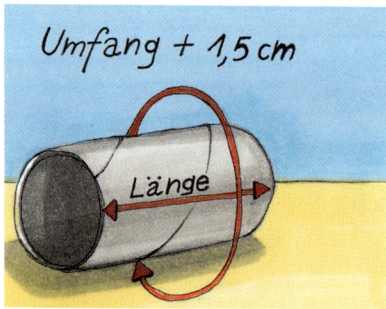

1 Die beiden Klorollen, die sich ineinander schieben lassen, bilden den Innen- und Außenkörper. Miss bei beiden die Rollenlänge exakt aus und rechne zum Umfangmaß 1,5 cm hinzu.

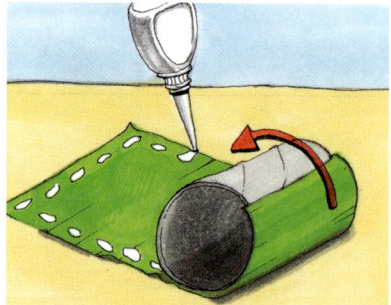

2 Schneide ein ebenso großes Rechteck aus grünem Tonkarton, trage entlang der Schnittkanten Bastelleim auf und rolle dann das Kartonrechteck von einer Schmalseite aus auf.

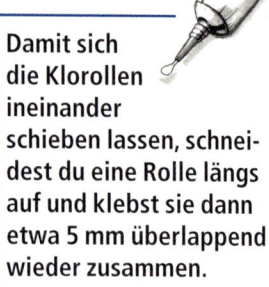

Damit sich die Klorollen ineinander schieben lassen, schneidest du eine Rolle längs auf und klebst sie dann etwa 5 mm überlappend wieder zusammen.

3 Kürze die dritte Klorolle auf 5 cm; umklebe sie in Grün. Klebe zwei 4,5 cm große Kreise auf die Kanten, einen weiteren auf die Körperrolle.

4 Schneide aus gelbem Tonkarton einen 7 cm großen Kreis mit Zackenmuster. Klebe ihn über eine Öffnung des Innenkörpers; klebe darauf den Kopf.

5 Pause die Vorlagen ab. Übertrage das Maul auf gelben, die Zunge auf roten Tonkarton und schneide die Teile aus. Zeichne die Maulkontur schwarz nach; schneide mittig eine Öffnung ein.

6 Knicke die Zunge entlang der gestrichelten Linie im rechten Winkel ab und schiebe sie in die Maulöffnung. Fixiere sie mit etwas Leim und klebe dann das Maul am Kopf auf.

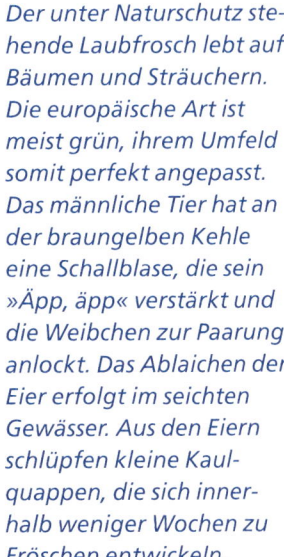

Der unter Naturschutz stehende Laubfrosch lebt auf Bäumen und Sträuchern. Die europäische Art ist meist grün, ihrem Umfeld somit perfekt angepasst. Das männliche Tier hat an der braungelben Kehle eine Schallblase, die sein »Äpp, äpp« verstärkt und die Weibchen zur Paarung anlockt. Das Ablaichen der Eier erfolgt im seichten Gewässer. Aus den Eiern schlüpfen kleine Kaulquappen, die sich innerhalb weniger Wochen zu Fröschen entwickeln.

7 Übertrage die Augen auf grünen Tonkarton, das Augenweiß auf weißes Tonpapier. Schneide die Teile aus, klebe sie aufeinander und male die Pupille und die Augenfarbe dazu.

8 Schneide oben am Kopf in einem Abstand von 1,5 cm vorsichtig zwei Einschnitte. Schneide dabei auch in die Kopfseiten 5 mm tief ein. Stecke in diese Einschnitte die Augen hinein.

Hast du Lust, für deine Frösche ein kleines Zimmerbiotop zu bauen? Du brauchst dafür nur eine Glasschale, die du mit Wasser füllst. Versenke ein paar Kiesel in der Schale. Stelle eine kleine Zimmerpflanze neben das »Wasserbecken« und setze einen Überraschungs-Frosch dazu. Besonders schön sieht das Ganze auf der Fensterbank aus, weil du dann den echten Himmel über dem Biotop sehen kannst. In der freien Natur sind Biotope meist unter Naturschutz gestellt. In solchen Feuchtgebieten kannst du viele verschiedene Tiere beobachten.

Feuchte Wiesen und Sümpfe sind der Lebensraum des Laubfrosches.

9 Übertrage Arme und Beine eines Frosches auf grünen Tonkarton; schneide die Teile aus. Zeichne an den Beinen beidseitig schwarze Trennungslinien zwischen Ober- und Unterschenkel.

10 Ziehe mit dem Scherenrücken an der gestrichelten Linie eine Falzrille. Knicke Hände (soweit Falzrille vorhanden) und Füße rechtwinklig ab. Klebe die Teile am Außenkörper des Frosches fest.

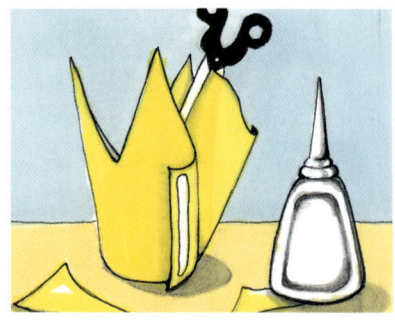

11 Übertrage die Kronenform für den Froschkönig auf gelben Tonkarton. Schneide die Form aus und ziehe sie vorsichtig über die Tischkante, damit sich der Karton einrollt.

12 Trage an einer geraden Schnittkante Bastelleim auf und klebe das Teil zusammen. Schneide die Zacken aus und klebe die Krone auf den Kopf des Frosches, direkt hinter den Augen.

Wenn du statt des grünen braunen Tonkarton verwendest, kannst du eine Überraschungs-Kröte basteln. Wenn du die äußere Körperrolle vorne rot anmalst, hast du eine Rotbauchunke.

Der Tausendfüßler

Hat ein Tausendfüßler wirklich 1000 Beine? Dieser hier hat »nur« 36 Beine. Jedes Körperglied bewegt sich unabhängig vom anderen, was sehr lustig aussieht, wenn du den Körper anschubst. Außerdem kannst du den Tausendfüßler damit viel gelenkiger durch dein Zimmer kriechen lassen, z. B. über einen Stuhl.
Die Vorlage der Hutumkleidung findest du auf dem Vorlagenbogen B.

Material

9 Klorollen

1 kleine, runde Käse-schachtel für den Kopf; 1 größere Käse-schachtel für den Hut

1 Pappbecher

5 Stück Biegeplüsch in Gelb

Reißfester Wollfaden

1 Eierkarton

Tonkarton in Gelb, Grün, Weiß und Türkis

Tonpapier in Grün und Türkis; 1 kleiner Knopf; schwarzer, gelber und rotorange Faserstift

Gelbe Bastelfarbe; Bastelleim; Bastelschere; Kombizange; Nagel-schere; Zirkel; Stick- oder Stopfnadel

Transparentpapier

Pauspapier

1 Ermittle den Bodendurchmesser der kleinen Käseschachtel. Zeichne einen gleich großen Kreis auf grünen Ton-karton, schneide ihn aus und klebe ihn auf die äußere Bodenfläche.

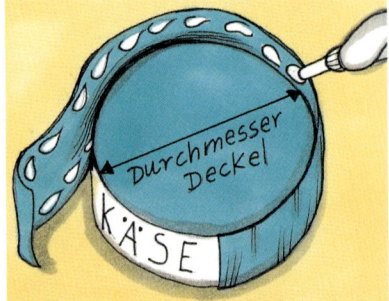

2 Miss Höhe, Umfang und Durchmesser des Deckels aus. Schneide einen passen-den Streifen und Kreis aus türkisfarbe-nem Karton und klebe ihn um den Rand und auf die äußere Deckelfläche.

3 Schneide aus dem weißen Tonkarton zwei Augen mit 5 cm Durchmesser aus, umrande sie schwarz und male die Pupillen und die Augenfarbe hinein.

4 Schneide vom Eierkarton eine lange Spitze ab. Male sie mit gelber Bastel-farbe an und klebe sie zusammen mit den Augen auf die grüne Gesichtsfläche.

Der Tausendfüßler mag kein Tageslicht und verkriecht sich deshalb tagsüber unter Steinen.
Er hat einen lang gestreckten runden Körper, der in gleichförmige Ringe eingeteilt ist. An jedem Ring besitzt der Tausendfüßler ein oder zwei Beinpaare, wodurch kaum mehr zu erkennen ist, wie viele Beine er nun wirklich hat. Am Kopf hat er ein Paar Fühler und mehrere Punktaugen.

5 Zeichne mit schwarzem Faserstift einen großen, lachenden Mund und male ihn mit einem rotorange Faserstift aus. Die Lachfalten an den Mundwinkeln zeichnest du ebenfalls dazu.

6 Pause vom Vorlagenbogen die Hutumkleidung ab und übertrage die Form auf gelben Tonkarton. Schneide sie aus und trage entlang der Ränder Bastelleim auf. Umklebe damit den Becher.

7 Miss vom Boden der größeren Käseschachtel Höhe und Umfang und umklebe den Rand den Maßen entsprechend mit gelbem Tonkarton. Schneide in die Mitte ein offenes Dreieck.

8 Klebe das Hutteil auf die türkisfarbene Schachtelhälfte des Kopfes; die lange Einschnittkante des offenen Dreiecks weist dabei zum Hinterkopf. Halten, bis der Leim angezogen hat.

Wie viele Beine hat dieser Tausendfüßler? Zähl doch mal!

Kleintiere und Mikroorganismen tragen dazu bei, fruchtbaren Humus im Garten zu bilden. Eine große Hilfe hierbei ist auch der Tausendfüßler, denn sein Leibgericht ist faulendes Laub. Hin und wieder nascht er auch gerne an Erdbeeren und Kartoffeln, was die Gärtner gar nicht freut.

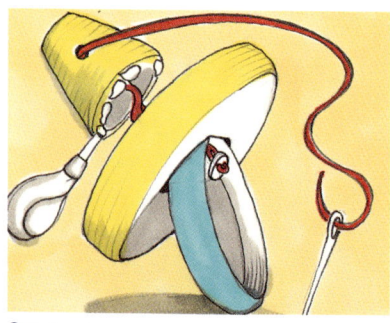

9 Befestige an einem 50 cm langen Faden einen Knopf. Fädle mit einer Stopfnadel von innen nach außen zuerst durch die obere Hinterkopfkante, dann mit 2 cm Randabstand durch den Pappbecher.

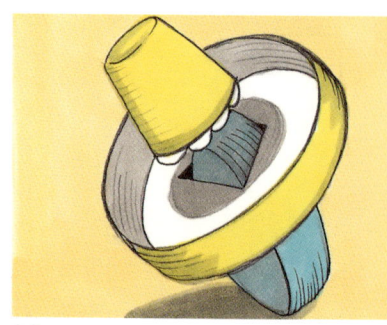

10 Trage auf den Becherrand in einer dicken Linie Bastelleim auf und klebe ihn etwas nach hinten versetzt auf den Hutboden. Halte den Becher fest, bis der Leim angezogen hat.

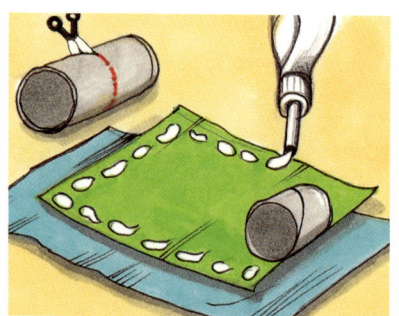

11 Schneide für die Körperglieder alle Klorollen in der Mitte durch. Umklebe sie abwechselnd mit grünem und türkisfarbenem Tonpapier. Die Papierrechtecke müssen 8 x 16 cm groß sein.

12 Schneide das überstehende Tonpapier mehrmals bis zur Rolle ein; falte es ins Rolleninnere und klebe es dort fest. Stich auf der Unterseite mit der Nagelschere zwei Löcher für die Beine vor.

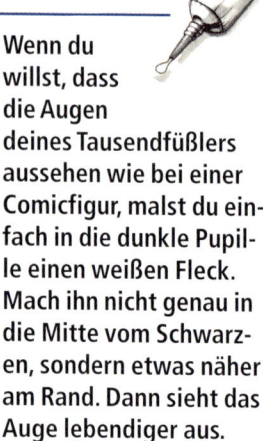

Wenn du willst, dass die Augen deines Tausendfüßlers aussehen wie bei einer Comicfigur, malst du einfach in die dunkle Pupille einen weißen Fleck. Mach ihn nicht genau in die Mitte vom Schwarzen, sondern etwas näher am Rand. Dann sieht das Auge lebendiger aus.

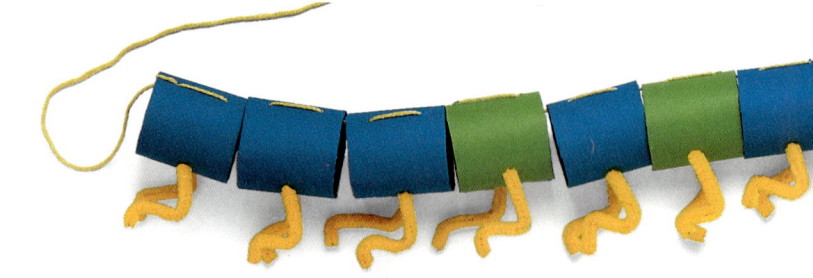

13 Schneide vom Biegeplüsch 16 cm lange Stücke ab und schiebe je ein Stück durch zwei Löcher. Biege die Beine nach unten und knicke die Enden um. Stich in alle Glieder oben jeweils zwei Löcher vor.

14 Ziehe einen kurzen Faden durch die Unterseite der türkisfarbenen Kopfhälfte und das erste Körperglied; verknote ihn. Befestige dann am Hinterkopf etwa 3 cm versetzt einen 2 m langen Wollfaden.

An den Beinen des Tausendfüßlers kannst du beispielsweise deinen Stundenplan befestigen. Bohre zwei kleine Löcher an der Oberkante des Plans hinein, stecke zwei Beine hindurch und biege sie leicht um. Natürlich können auch andere kleine Nachrichten oder Notizen an den Beinen aufgehängt werden.

15 Stecke nun das grüne Gesichtsteil in das Hinterkopfteil hinein. Ziehe den langen Wollfaden immer von innen nach außen und wieder von außen nach innen durch die Löcher.

16 Fädle alle Glieder nacheinander auf diese Weise auf und verknote den Faden beim letzten Glied. Achte darauf, dass du abwechselnd grüne und türkisfarbene Glieder aneinander reihst.

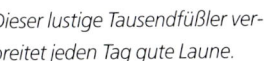

Dieser lustige Tausendfüßler verbreitet jeden Tag gute Laune.

Über die Autorin

Bettina Hansen arbeitet seit 1989 als freie Redakteurin, Grafikerin und Autorin für renommierte Buch- und Zeitschriftenverlage. Im Vordergrund ihrer zahlreichen Veröffentlichungen steht das Basteln, Werken und Gestalten mit verschiedenen Materialien. Ihre Bücher richten sich sowohl an Kinder als auch an Erwachsene.

Bildnachweis

Alle Bildmotive stammen von Angela Francisca Endress mit Ausnahme von: HAMA, München: Titelbild; IFA, München: 11 (Weststock), 15 (Heinz Koch), 25 (Dr. Stadtbäumer), 29 (BCI); Velten Heidi, Isny: 17; Wohofsky Sylvia, München: 3.

Hinweis

Das vorliegende Buch ist sorgfältig erarbeitet worden. Dennoch erfolgen alle Angaben ohne Gewähr. Weder Autorin noch Verlag können für eventuelle Fehler oder Schäden, die aus den im Buch gemachten praktischen Hinweisen resultieren, eine Haftung übernehmen.

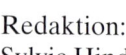

Impressum

© 1998 Südwest Verlag GmbH & Co. KG, München Alle Rechte vorbehalten. Nachdruck – auch auszugsweise – nur mit Genehmigung des Verlages.

Redaktion:
Sylvie Hinderberger
Projektleitung:
Sylvia Wohofsky
Redaktionsleitung:
Nina Andres
Illustrationen:
Susanna Grigoletto
Bildredaktion:
Bettina Huber
Umschlag/Layout:
Manuela Hutschenreiter
DTP/Satz:
Mihriye Yücel
Produktion:
Manfred Metzger
Druck: Color-Offset, München
Bindung: R.Oldenburg, München
Printed in Germany

Gedruckt auf chlor- und säurearmem Papier

ISBN 3-517-07623-6